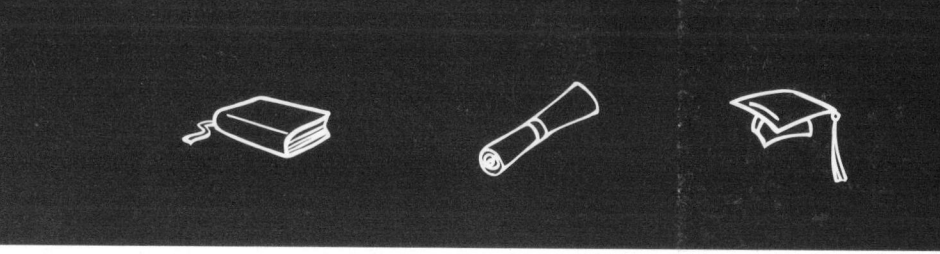

De: ....

Para: ....

2007, Editora Fundamento Educacional Ltda.

Editor e edição de texto: Editora Fundamento
Capa e editoração eletrônica: Commcepta Design
CTP e impressão: Sociedade Vicente Pallotti

Dados Internacionais de Catalogação na Publicação (CIP)
(Câmara Brasileira do Livro, SP, Brasil)

Ariello, Fabiane
    Parabéns pela formatura! / Fabiane Ariello – São Paulo – SP : Editora Fundamento Educacional, 2007.

    1. Interação social 2. Relações interpessoais I. Título.

07-3616   CDD-158.5

Índices para catálogo sistemático:
1. Relações interpessoais : Psicologia aplicada 158.5

Fundação Biblioteca Nacional

Depósito legal na Biblioteca Nacional, conforme Decreto n.º 1.825, de dezembro de 1907.
Todos os direitos reservados no Brasil por Editora Fundamento Educacional Ltda.

Impresso no Brasil

Telefone: (41) 3015 9700
E-mail: info@editorafundamento.com.br
Site: www.editorafundamento.com.br

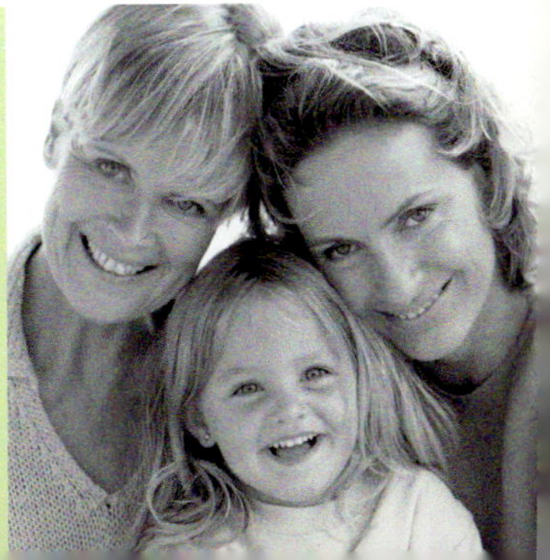

FABIANE ARIELLO

Parabéns pela Formatura!

FUNDAMENTO

cong... realização ...ho c

As maiores conquistas da vida
levam tempo para se realizar.

hecimento vitória confiança

conquista realização sonho c

Algumas levam muitos anos…
E são planejadas desde o
momento em que nascemos.

O momento final é sempre
muito emocionante...

conquista realização sonho

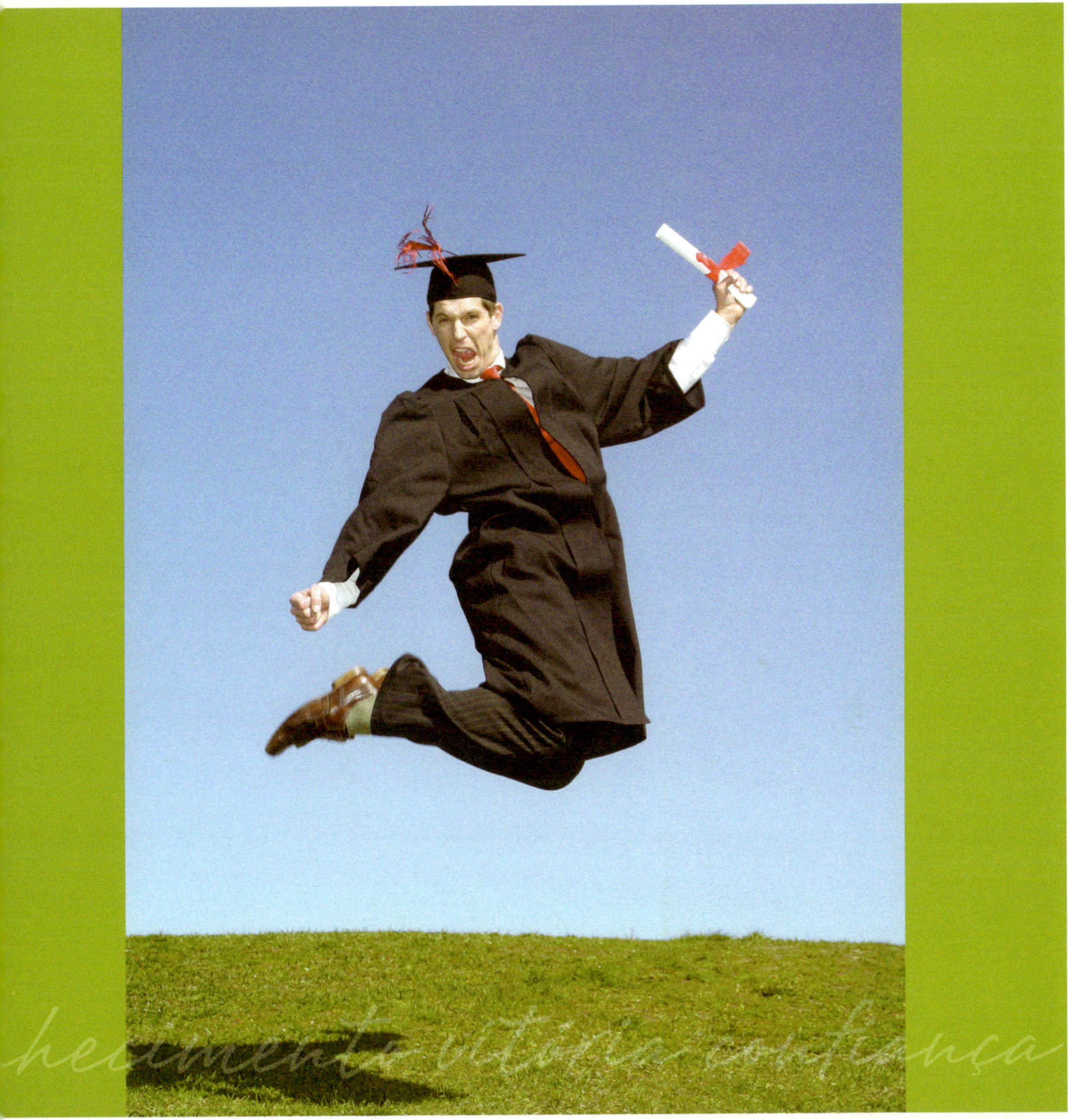
hecimento vitória confiança

Mas não esqueça o quanto
foi bom chegar até aqui!

hecimento vitória confiança

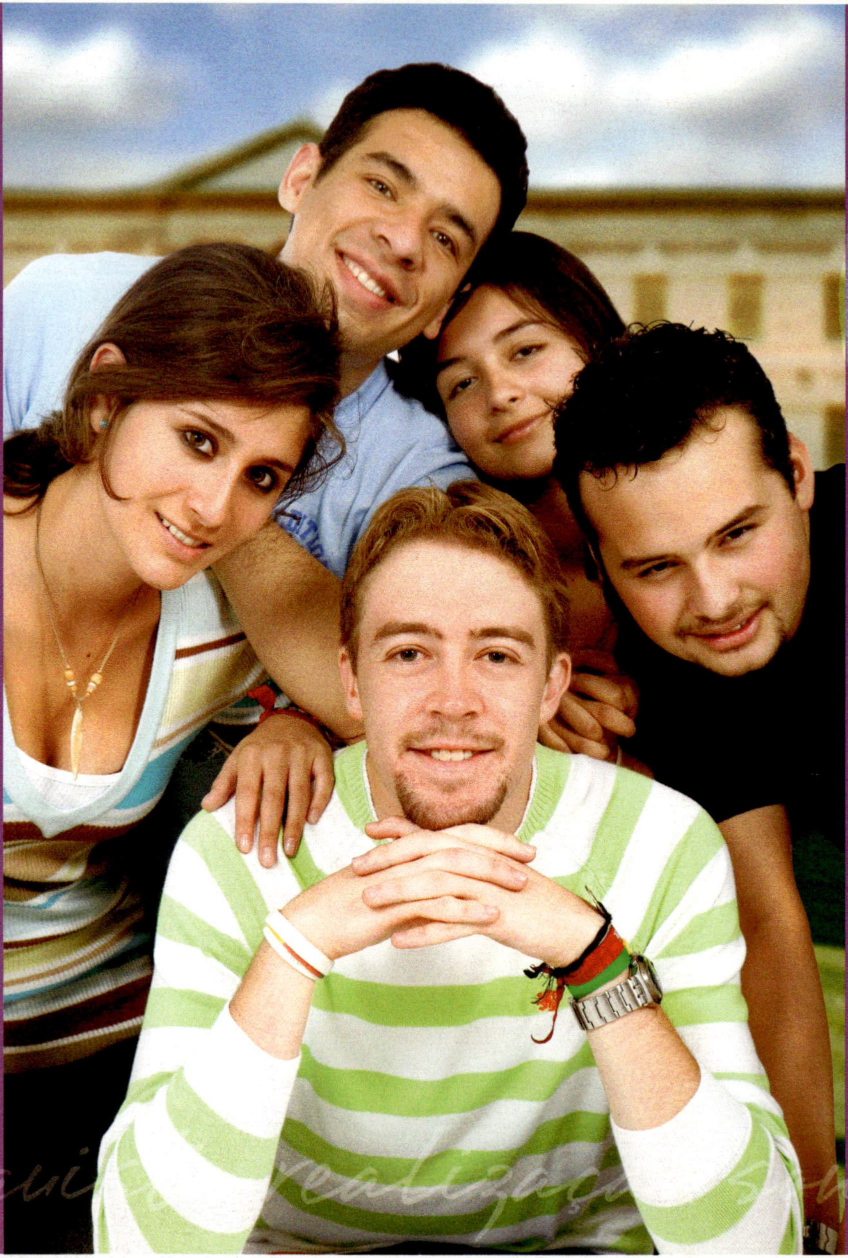

Lembre-se sempre dos amigos,

Das festas,

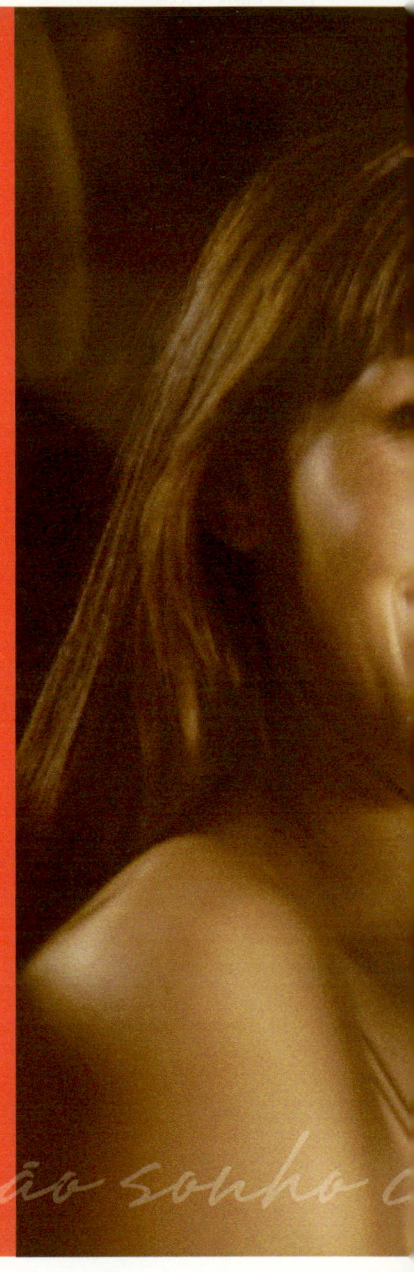

conquista realização sonho

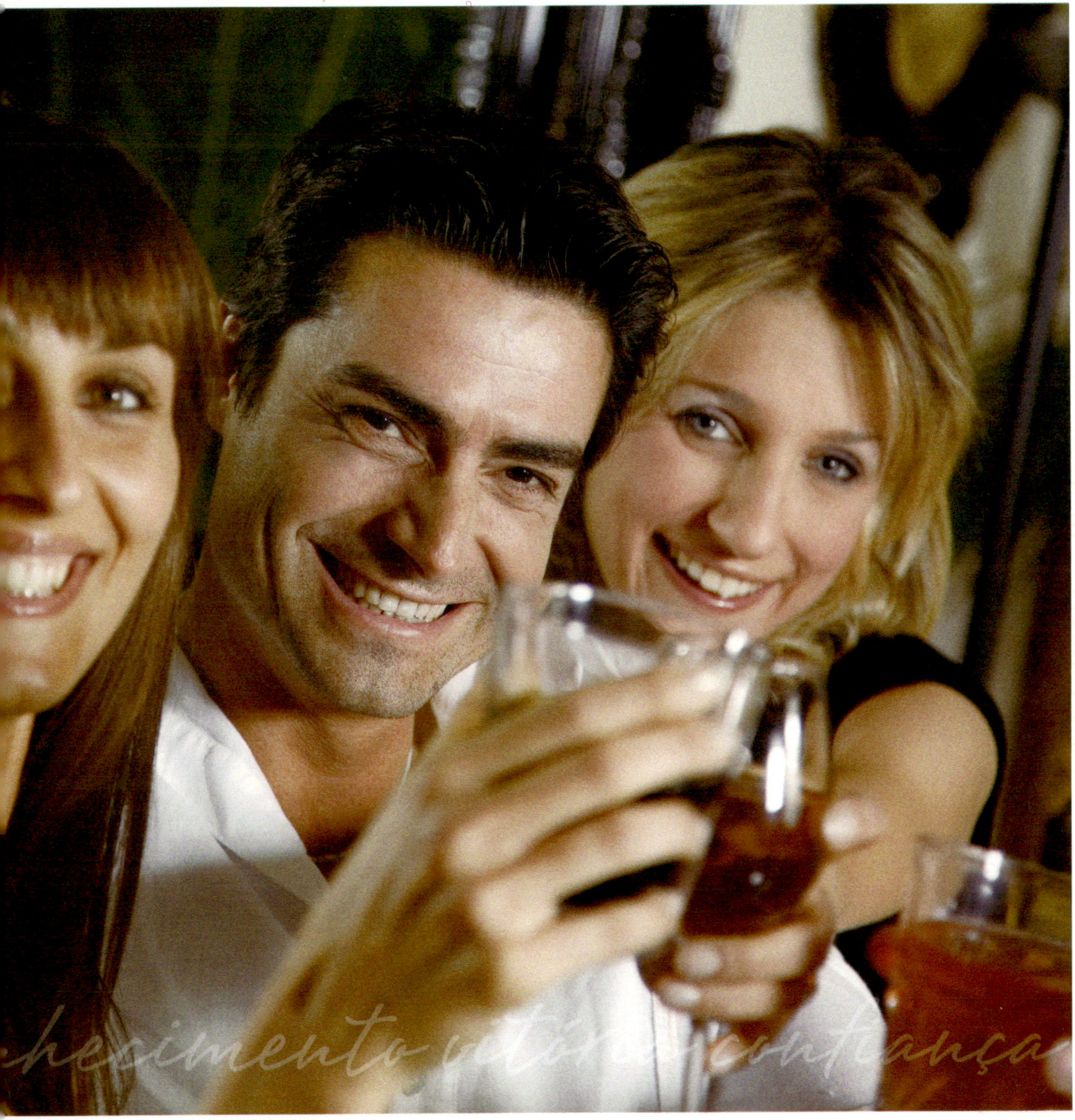
hecimento, vitória, confiança

Dos amores,

conquista realização sonho

hecimento vitória confiança

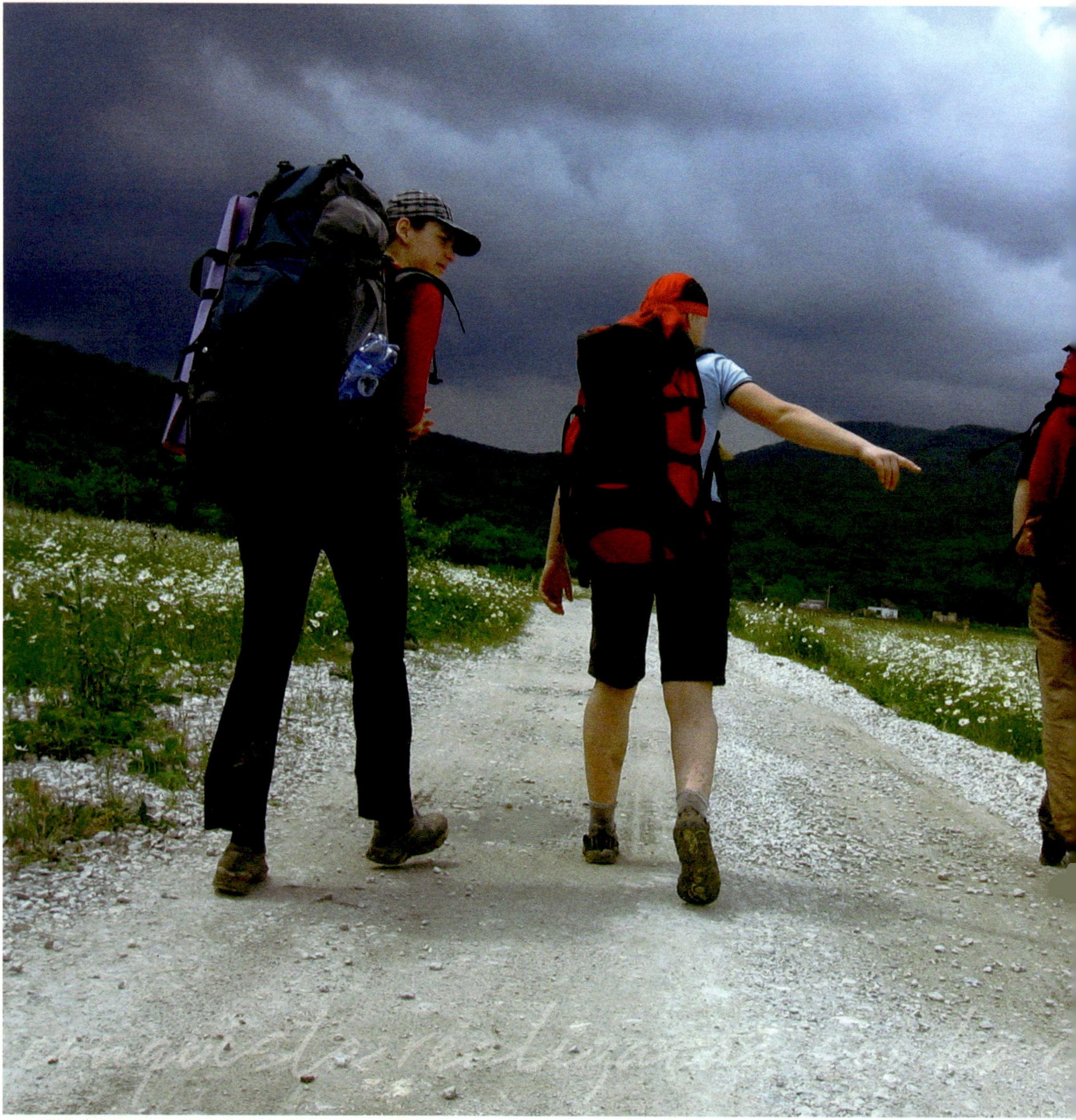

Das viagens,

E de tudo o que você aprendeu!

conquista realização sonho

hecimento vitória confiança

Acredite, poucos tesouros são mais valiosos que o conhecimento.

conquista realização sonho c

hecimento vitória confiança

conquista realização sonho

Esta foi apenas a primeira das suas vitórias.

Aliás, primeira não...
ou você não se lembra do vestibular?

conquista realização sonho

hecimento vitória confiança

conquista realização sonho

Desde o seu primeiro ano
na escola, você tem se preparado
para chegar aqui.

to vitória confiança

Alguns dias foram muito difíceis.

conquista realização sonho

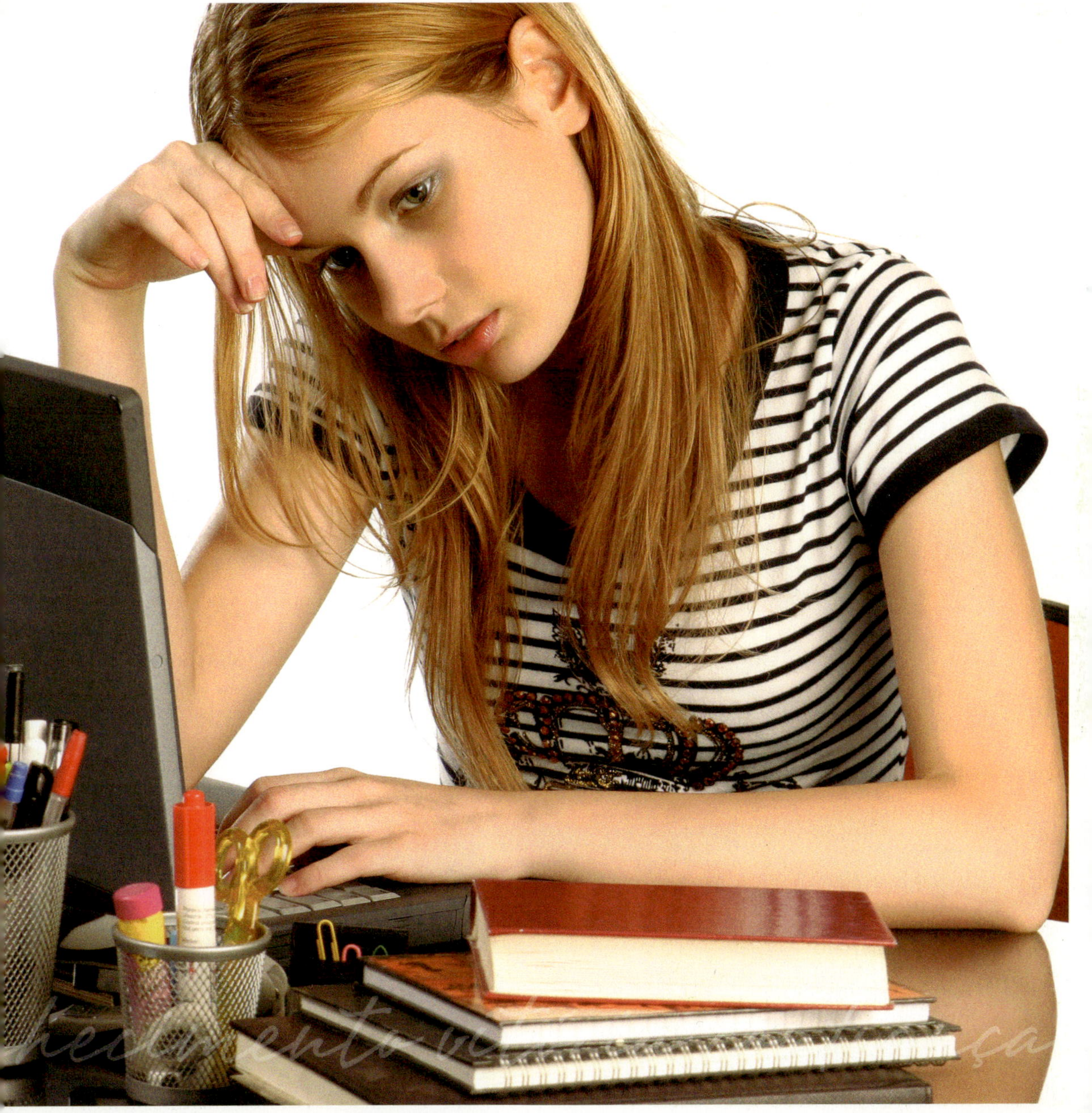

Outros podem ter sido sofridos.

hecimento vitória confiança

E ainda teve aqueles dias...
"Ah, mãe, posso faltar hoje?"

conquista realização sonho c

hecimento vitória confiança

A partir de agora, você está livre para trilhar o seu caminho.

conquista realização sonho

chega à to vitória confiança

conquista realização sonho c

Nada mais de provas, professores, livros...

conquista realização sonho

(A não ser, é claro, que você já esteja pensando em fazer uma pós.)

conquista realização sonho c

Mas as cobranças continuam.

hecimento vitória confiança

Mostre a cada dia o seu valor.
Você sabe que ele está aí dentro!

conquista realização sonho

heciment vitòria confiança

conquista realização sonho c

E saiba que confiamos em você...

como sempre confiamos.

conquista realização sonho c

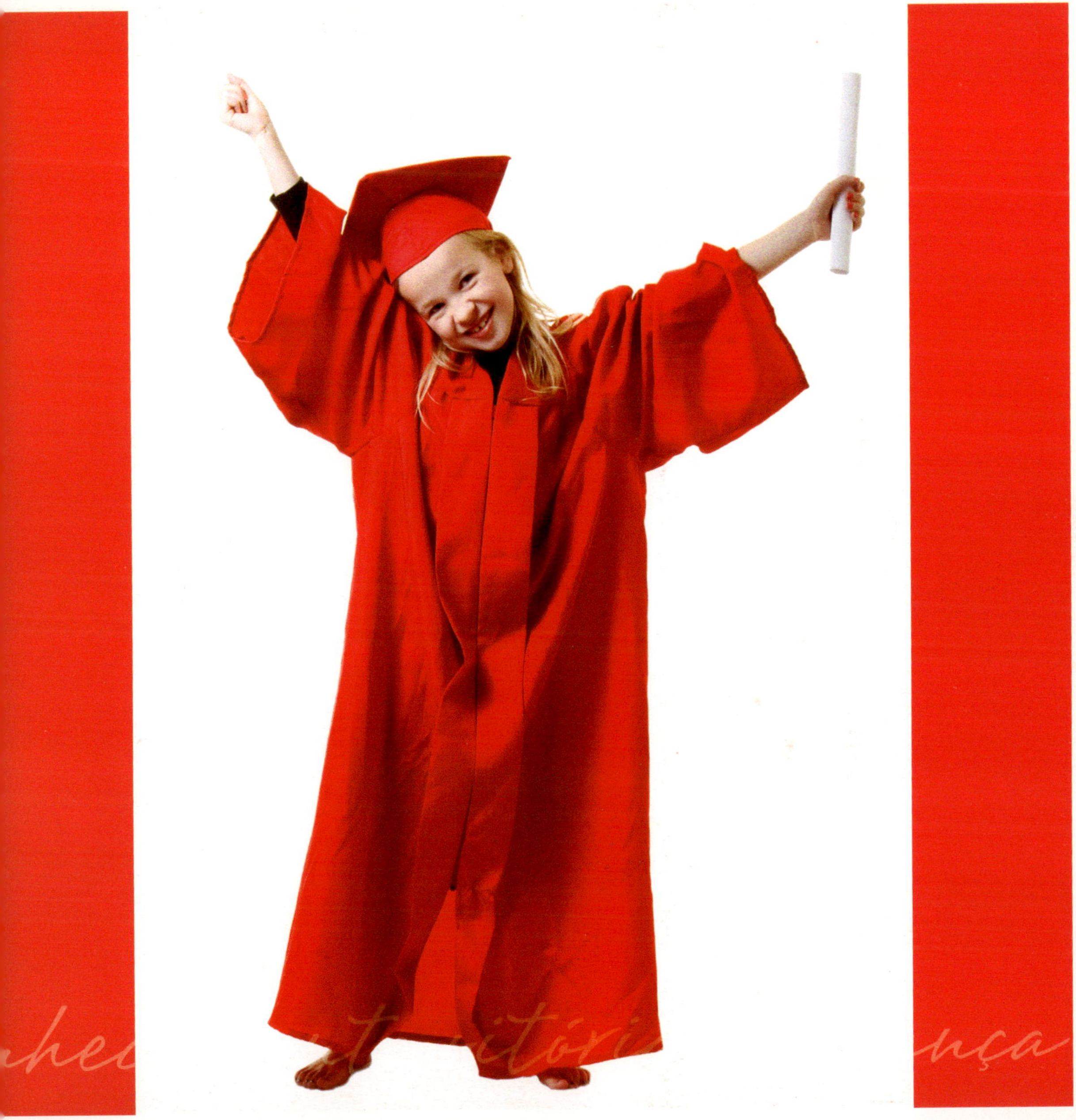

conquista realização sonho

Parabéns pela sua formatura!

O mérito é todo seu.

Aproveite!

hecimento visão confiança

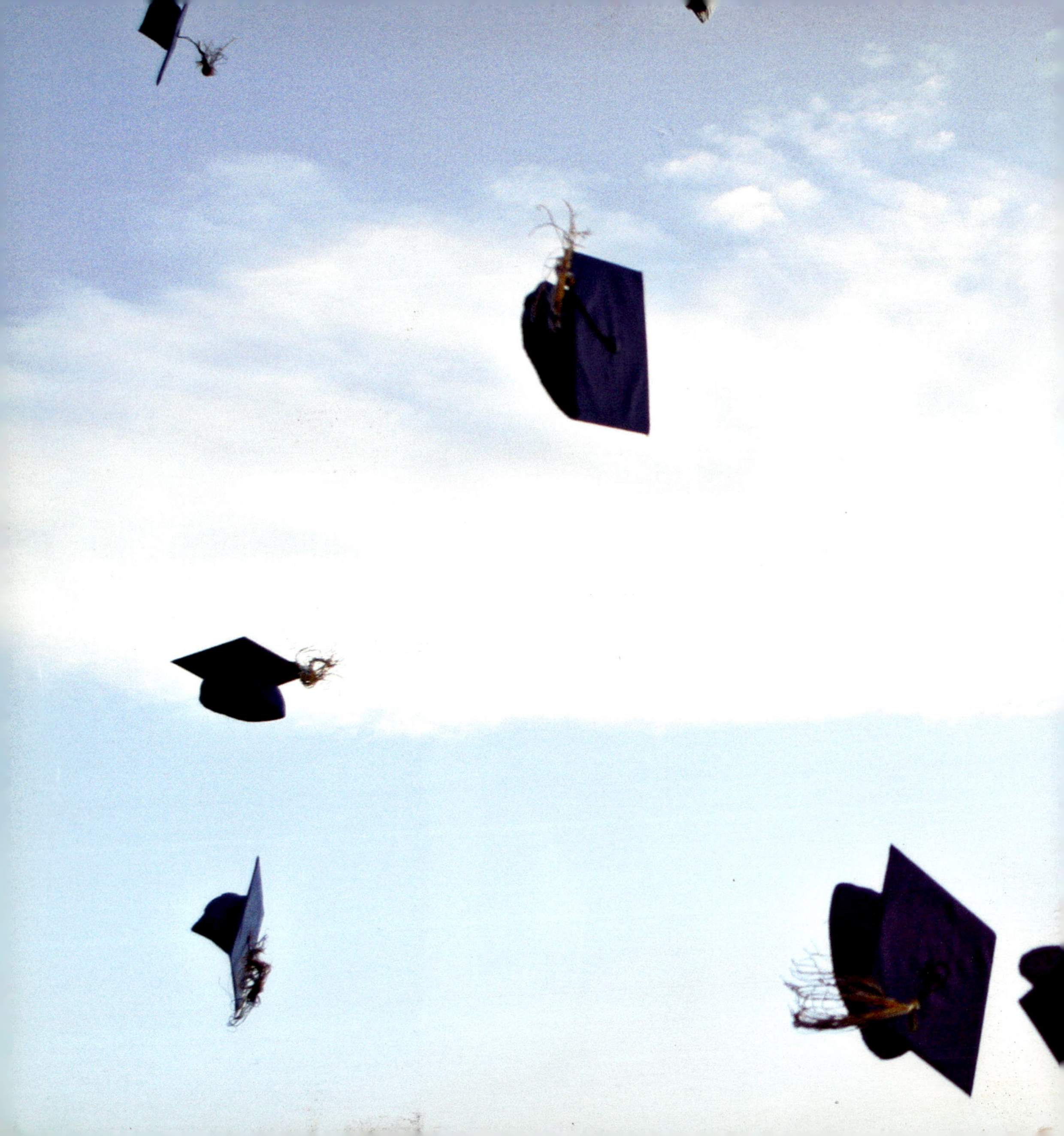

E... sucesso!!!